Наповнений Божою любов'ю

1 до Коринтян 13

Якби я розмовляв різними іноземними мовами та співав чарівним голосом, та все ж не поводився з людьми навколо мене ввічливо та з любов'ю...

«Коли я говорю мовами людськими й ангольськими, та любови не маю...»

(вірш 1а)

…мої слова звучали б як огидний звук. Усім було б неприємно у моїй присутності. Мене зовсім не хотіли б вислухати.

«то став я як мідь та дзвінка або бубон гудячий!»
(вірш 1б)

Я міг би бути дуже розумним і навіть найкращим учнем у класі. Я міг би мати глибокі знання і отримувати грамоти з відзнакою...
...чи сподобався б я тоді іншим більше?

«І коли маю дара пророкувати, і знаю всі таємниці й усе знання,»
(вірш 2а)

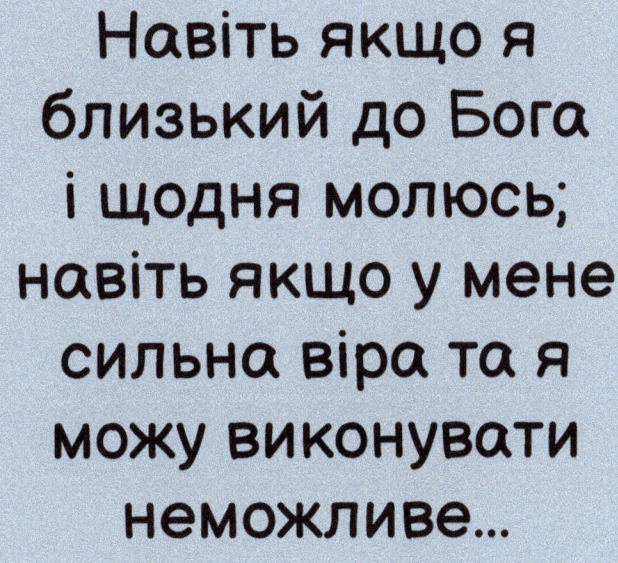

Навіть якщо я близький до Бога і щодня молюсь; навіть якщо у мене сильна віра та я можу виконувати неможливе...

«і коли маю всю віру, щоб навіть гори переставляти,»

(вірш 2б)

Та все ж коли я не ставлюся до друзів з любов'ю, та й настільки зайнятий собою, що не знаходжу часу для інших, мої заслуги не матимуть ніякого значення.

«та любови не маю, то я ніщо!»

(вірш 2в)

Якщо я віддаю свої зайві іграшки бідним дітям, але при цьому не хочу ділитися важливими для мене речами з рідним братом та сестрою, яка користь від моєї щедрості?

«І коли я роздам усі маєтки свої, та любови не маю, то пожитку не матиму жадного!»

(вірш 3)

Любити - означає зупинити свою гру, коли мене просять про допомогу; та проявляти терпіння і співчуття до людей, щоб допомогти їм почувати себе краще.

«Любов довготерпить, любов милосердствує.»
(вірш 4а)

Любити - це радіти, коли друг отримав в подарунок іграшку. Коли любиш, не говориш: дивися, у мене є те, чого у тебе немає.

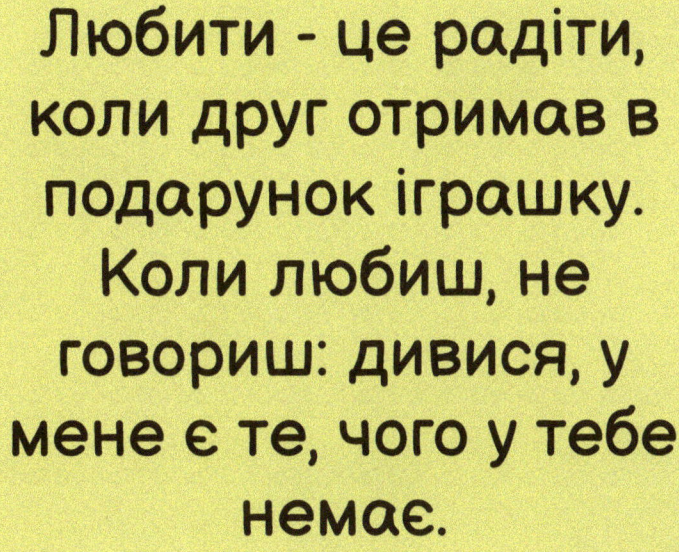

«не заздрить, любов не величається, не надимається.»
(вірш 4б)

Любити - це не змагатися.
Любити - означає бути поступливим в роботі з іншими, щоб виконувати завдання разом.

«не поводиться нечемно, не шукає тільки свого.»
(вірш 5а)

Любов не гнівається
з будь-якого приводу.
Любов відноситься
лагідно до людей і
прощає, навіть коли
хтось помиляється.

«не рветься до гніву, не думає
лихого.»

(вірш 5б)

Я не глузую з людей і не жартую над ними, коли у них труднощі. Якщо я люблю людей, я радію їх успіхам.

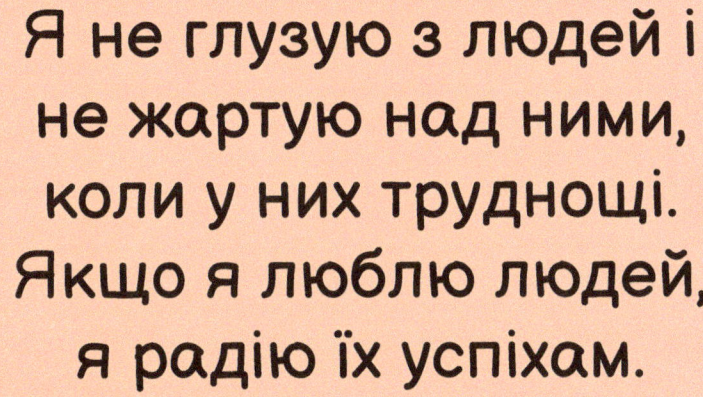

«не радіє з неправди, але тішиться правдою.»

(вірш 6)

Коли мене наповнює любов, я піклуюся про інших і співчуваю їм. Я вірю в їх здібності та підтримую їх навіть у самі важкі дні.

«усе зносить, вірить у все, сподівається всього, усе терпить.»

(вірш 7)

Речі зношуються і втрачаються. Мене можуть розчарувати люди. Незважаючи ні на що, я можу бути щасливим, якщо я все робитиму з ЛЮБОВ'Ю!

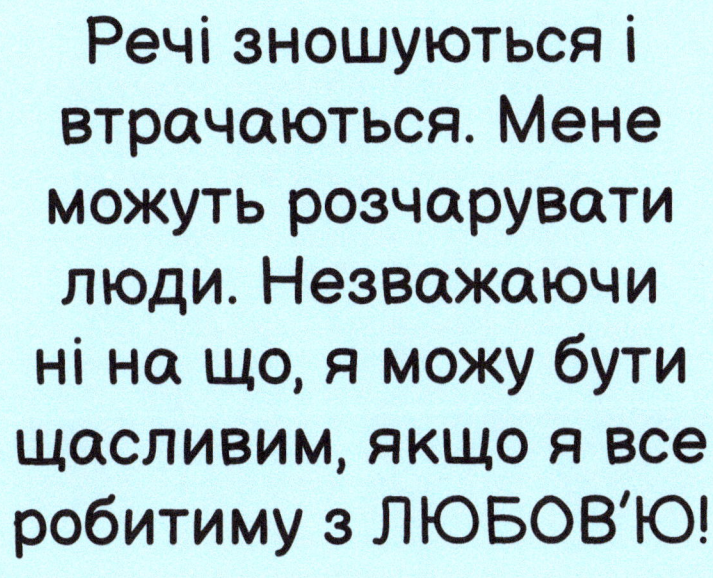

«Ніколи любов не перестає!»

(вірш 8а)

Часом я старанно працюю і досліджую нове, але в результаті не все виходить так, як я сподівався. У житті не все досконало.

«Хоч пророцтва припиняться, хоч мови замовкнуть, хоч знання скасується.»
(вірш 8б)

Є три важливі цінності, за які варто триматися: віра, надія, любов.
Коли ж моє серце буде наповнене ЛЮБОВ'Ю, в моєму житті все буде чудово.

«А тепер залишаються віра, надія, любов, оці три. А найбільша між ними любов!»

(вірш 13)

Інші книги з цієї серії:

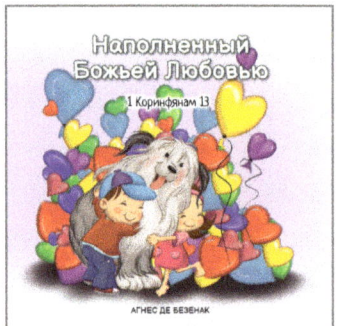

Опубліковано: iCharacter Ltd. (Ireland)
www.icharacter.org
Складено: Агнес де Безенак
Переклад: Наталія Феррейра
Авторське право 2020.

www.icharacter.org

Авторське право © 2020 iCharacter Ltd. Усі права захищені. Ніяка частина цієї книги не може бути відтворена у будь-якій формі або будь-яким електронним або механічним способом, включаючи системи зберігання і пошуку інформації, без письмового дозволу видавця або автора, за винятком випадків, коли рецензент може процитувати короткі уривки, використані в критичних статтях або в рецензії.

www.ingramcontent.com/pod-product-compliance
Lightning Source LLC
Chambersburg PA
CBHW040012080526
44586CB00028B/2979